D1724849

Positives Denken

Die besten Methoden für ein
zufriedeneres und glücklicheres
Leben

Glücklich sein, positiv Leben und
mehr positive Ausstrahlung erlangen

Vorwort

„Das Glas ist halbvoll, nicht halbleer"

„Gehe mit einer positiven Einstellung an die Sache ran, dann wird das auch was!"

Diese 2 alten Sprüche sind Ihnen sehr wahrscheinlich bekannt. Wenn Sie einmal einem älteren Menschen zuhören, der mit seinem Enkelkind redet, werden Sie diese oder ähnliche Weisheiten mit Sicherheit auch mitbekommen.

Nun, man kann von den vielen gut gemeinten Ratschlägen von den Großeltern zwar halten, was man will, aber mit Diesen haben Sie definitiv recht. Viel zu viele Menschen sind viel zu negativ, selbst wenn sie eigentlich relativ optimistisch durchs Leben gehen.

Jeder von uns scheint diese negative Stimme tief in sich zu haben. Sie lässt uns, wenn auch nur für einen kurzen Moment, zum Pessimisten werden. Dabei sind positives Denken und eine Haltung, die von Optimismus geprägt ist, die Schlüssel zu einem glücklicheren Leben. Durch dieses Buch werden Sie Zugriff auf diese Schlüssel bekommen und in Zukunft mit ihnen Türen öffnen, bei denen Sie vorher nicht einmal wussten, dass sie direkt vor Ihnen stehen.

Doch bevor Sie die wunderbaren Vorzüge des positiven Denkens genießen können, müssen erst einmal ein paar häufig bestehende Falschinformationen geklärt werden.

1. Positives Denken heißt nicht, dass Sie gar keine negativen Gedanken mehr haben werden. Es geht vielmehr darum, diese zu erkennen und sie durch positive zu ersetzen.

2. Durch eine optimistische Einstellung werden Sie zwangsläufig glücklicher. Das heißt aber nicht, dass Sie Ihr ganzes Leben lang gut gelaunt sein werden. Negative Phasen und Ereignisse gehören nun mal zum Leben dazu. Mit der richtigen Einstellung können Sie aber viel besser mit ihnen umgehen!

3. Der positive Denker ist kein Narr. Viele Leute denken sehr schlecht über Optimisten. Wenn Sie an so jemanden denken, haben sie meist das Bild eines Menschen im Kopf, der jede schlechte Situation, wie schlimm sie auch sein mag, herunterspielt, sie sozusagen einfach ignoriert und sich keinen Konsequenzen stellt. Ohne Frage existieren auch solche Menschen.

Aber der wahre positive Denker ist nicht mit diesen Leuten über einen Kamm zu scheren.

Er versucht lediglich, das Beste aus jeder Situation herauszuholen und sich nicht nieder machen zu lassen. Trotzdem ist er sich den schlechten Dingen und eventuellen Konsequenzen bewusst und kann auch über diesen stehen.

Nun, da ich hoffentlich das Feuer für dieses Thema in Ihnen entfacht habe, werde ich etwas genauer auf die Vorteile des positiven Denkens eingehen.

Die Vorteile einer positiven Einstellung

Warum sollte man sich überhaupt die Mühe machen, an seiner Einstellung zu arbeiten? Zusammengefasst: Es tut Ihnen gut! Durch das richtige Maß an Optimismus werden Sie ein glücklicheres Leben führen.

Lesen Sie sich einmal die folgenden Vorteile durch. Danach werden Sie so begeistert sein, dass Sie sich fragen, warum Sie sich nicht schon früher mit diesem Thema auseinandergesetzt haben!

1. Glück

Der wahrscheinlich größte und wichtigste Grund überhaupt: Das Glücklichsein! Im Grunde ist das alles, was wir wollen. Egal, ob Ihnen ein großes Haus und ein teures Auto oder doch ein bescheidenes Heim und ein zufriedenes Familienleben wichtig sind:

Am Ende läuft immer alles darauf hinaus, dass Sie glücklich sind. Es ist also nicht schwer, zu erkennen, dass Glück regelrecht unser Leben bestimmt.

Als Optimist sind Sie dem glücklichen Leben einen erheblichen Schritt näher als den meisten anderen um Sie herum. Ein Tag hat 24 Stunden. Wenn man 8 Stunden Schlaf davon abzieht, landet man bei 16 „aktiven" Stunden am Tag.

Während dieser Zeit treffen Sie unzählige Entscheidungen und durchlaufen noch mehr Gedankengänge. Bei einer derartigen Welle an Geschehnissen und Gedanken entsteht schnell ein Schneeballeffekt.

Was ich damit meine, erkläre ich Ihnen am besten an einem Beispiel: Sie stehen morgens auf und wollen sich einen Kaffee machen, um wach zu werden. Als Sie Ihre Kaffeemaschine auffüllen wollen, stellen Sie fest, dass es gar keinen Kaffee mehr gibt. „Na toll.

Der Supermarkt hat noch nicht offen. Jetzt muss ich mir unterwegs einen Kaffee kaufen. Das bedeutet mehr Zeitaufwand und Geld muss ich auch noch bezahlen!", murmeln Sie schlecht gelaunt vor sich hin.

Als Sie etwas später Ihren Kaffee gekauft haben und sich während der Fahrt zur Arbeit eine Zigarette nehmen wollen, blicken Sie in eine leere Schachtel.

Um sich jetzt auch noch eine neue Schachtel zu kaufen, fehlt Ihnen die Zeit. Sie würden mit Sicherheit zu spät kommen. Diese 2 Geschehnisse haben Ihre Laune erheblich verschlechtert. Das führte an diesem Tag zu immer mehr Gute-Laune-Killern.

Das Erstaunliche an einer negativen als auch einer positiven Denkweise ist, dass sie jeweils mehr ihrer Art anziehen. Wenn der Schneeball erst einmal ins Rollen kommt, ist er nur noch schwer aufzuhalten.

Der Tagesablauf hätte auch ganz anders laufen können, wenn Sie auf positive anstelle von negativen Gedanken gesetzt hätten: So hätten Sie den nötigen Kauf eines Kaffees z.B. als ein mögliches Wiedersehen eines

Kassierers, den Sie besonders mögen, sehen können.

Das Sie keine Zigarette im Auto rauchen konnten hätten Sie auch aus einer optimistischen Sichtweise sehen können.

Das Fehlen der Zigarette ist gut für Ihre Gesundheit und Ihr Auto wird nicht den ganzen Tag nach Rauch riechen.

Sie sehen, dass es immer 2 Möglichkeiten gibt. Wenn Sie alles mit der richtigen, positiven Einstellung entgegentreten werden Sie glücklicher durch den Tag gehen.

2. Besseres Sozialleben

Mit Sicherheit sind Sie auch schon einmal einem sehr negativen Menschen begegnet. Vielleicht haben Sie sogar in Ihrem Bekanntenkreis jemanden, der eigentlich zur Gruppe gehört, aber nie eingeladen wird, weil die Person immer alles runtermacht.

Egal, was Sie unternehmen oder welche Neuigkeiten Sie der Person erzählen, sie gibt Ihnen immer ein schlechtes Gefühl. Anstelle von Begeisterung für ein Erlebnis bekommen Sie nur ein aufgezwungenes Lächeln oder sogar eine Beschwerde, weil es „woanders viel besser gewesen wäre".

Wenn Sie eine gute Nachricht mit der Person teilen, weist sie Sie nur auf die negativen Seiten hin. Und sie findet immer irgendetwas Negatives.

Als Mensch wollen wir glücklich sein und Spaß haben. Daher sind richtige Miesepeter so unbeliebt, mit ihnen ist das einfach nicht möglich.

Wenn Sie Ihre Einstellung in eine positivere verändern, werden das früher oder später auch die Leute in Ihrem Umfeld bemerken und Sie werden mit großer Wahrscheinlichkeit neue Kontakte knüpfen oder sogar alte wieder aufleben lassen.

3. Das „Law of attraction" für sich nutzen

„The law of attraction" oder "das Gesetz der Anziehung" ist eine Annahme, die aus der Lebensberatung kommt und im Allgemeinen auf sehr viel Zustimmung trifft. Im Grunde besagt dieses Gesetz, dass Gleiches Gleiches anzieht. Dieses Prinzip wird vor allem auf die Verbindung zwischen der Gedanken- und Gefühlswelt einer Person und dessen Bedingungen in der „echten Welt" angewandt.

Das Gesetz der Anziehung kann man folgendermaßen für sich nutzen: Wenn man seine Einstellung zu etwas ändert und das über eine längere Zeitspanne, wird sich die Realität auf eine positive, gewünschte Weise ändern.

Das klingt erst einmal nach etwas zu viel Hokuspokus, ist es aber nicht.

Selbstverständlich reichen Gedanken nicht aus, um das Leben eines Individuums nach seinen Wünschen zu verändern.

Erst, wenn den Gedanken Taten folgen wird Veränderung erreicht. Ohne die richtige Einstellung wird die gewünschte Veränderung allerdings auch nicht erreicht. Und darum geht es beim Gesetz der Anziehung. Unsere Gedanken haben einen sehr großen Einfluss auf unser Leben.

Wenn Sie anfangen, positiv zu denken, nutzen Sie also das Gesetz der Anziehung. Durch das Sehen der positiven Dinge werden Sie früher oder später ein positiveres Leben führen.

4. Gesundheit

Wissenschaftliche Studien haben herausgefunden, dass optimistische Menschen tatsächlich ein gesünderes und längeres Leben führen als der Durchschnitt anderer Menschen.

Es wurde herausgefunden, dass positives Denken die Lebenserwartung steigen lässt, vor Erkältungen schützt, das Risiko, an einer Depression zu erkranken verringert, das Risiko für eine Herz-Kreislauf-Erkrankung und anderen Herzerkrankungen senkt, das physische und psychische Wohlbefinden stärkt und in Stresssituationen Leistungsfähiger macht.

Ein zu vermeidender Fehler

Wer anfängt, sich mit dem Thema positives Denken zu beschäftigen und in dieser Hinsicht an sich zu arbeiten, macht oft einen Fehler der schnell passiert, aber auf gar keinen Fall vorkommen sollte.

Denn positives Denken kann, wenn man diesen Fehler begeht, auch negative Auswirkungen auf das Leben haben. Der Fehler ist krampfhaft zu versuchen, etwas zu übertünchen oder nicht wahrhaben zu wollen.

Wenn Sie das tun, verschwenden Sie nur Ihre Zeit. Die Vorteile des Optimismus werden nicht wahr werden. Im nächsten Kapitel werde ich Ihnen erklären, was Sie stattdessen machen sollten.

Anleitung zum positiven Denken

1. Schritt: Akzeptanz

Der erste Schritt bildet das Fundament des positiven Denkens. Wenn Sie diesen Schritt nicht befolgen, wird Ihnen positives Denken unmöglich gelingen.

Genauso wie ein Haus ein stabiles Fundament braucht, auf dem es gebaut werden kann, braucht der Optimismus die Akzeptanz der aktuellen Situation. Und das heißt, dass Sie die Situation wirklich zu 100 % akzeptieren müssen.

Ein störrisches „Ist eben so" genügt da nicht. Solange Sie die Situation nicht so akzeptieren, wie Sie ist, können Sie in ihr auch nichts Positives sehen geschweige denn sie auf eine positive Art und Weise verändern. Dieser Weg wird Sie nur Energie kosten.

Beginnen Sie damit, zu verstehen, dass die Welt nun mal so ist, wie sie ist. Was auch immer in dem jetzigen Moment geschehen ist, ist geschehen. Sie können die Zeit nicht einfach um ein paar Minuten zurückdrehen und den Ablauf verändern, auch wenn das schön wäre.

Wenn Sie das verstanden haben und auch fähig sind, auf diese Weise zu akzeptieren, können Sie zum nächsten Schritt übergehen.

2. Schritt: Das Positive sehen

Nun, da Sie die Situation akzeptiert haben, wird es Zeit, das Positive in ihr zu sehen. Sie können sich nun entschieden, wie Sie den Moment sehen wollen. Entweder auf eine positive, optimistische Weise, oder auf eine negative, pessimistische Weise.

Diese Möglichkeit der freien Entscheidung haben Sie in jeder Situation, egal wie positiv oder negativ sie zunächst sein mag. Wenn Sie im Lotto gewonnen haben, können Sie trotzdem nicht das viele Geld, sondern die Verantwortung, die damit einhergeht sehen.

Selbst wenn Sie Ihren Job verlieren, können Sie das als Chance auf einen Neuanfang oder als ein paar Urlaubstage mehr betrachten.

Wahrscheinlich muss ich Ihnen nicht mehr erklären, dass die positive Sichtweise auf jeden Fall die bessere ist. Doch wie schafft man das? Wie soll man auch in der belastendsten Situation einen kühlen Kopf bewahren und seine Aufmerksamkeit auf das Positive lenken?

Stellen Sie sich einfach die folgenden Fragen, während Sie über die Situation nachdenken:

1: Welchen versteckten Nutzen könnte diese Situation für mich haben?

2: Was ist das Gute an dieser Situation?

3: Kann ich etwas aus der Situation lernen? Und wenn ja, was?

4: Wie viel schlechter hätte die Situation werden können? Welche schlimmen Folgen sind nicht eingetreten, die hätten eintreten können?

Ich kann Ihnen versichern, dass Ihnen nie eine Situation begegnen wird, in der Sie keine dieser Fragen beantworten können.

Ich zeige Ihnen das Ganze einmal an den zwei ausgedachten Situationen aus dem Kapitel „Die Vorteile einer positiven Einstellung". Situation

1: Der fehlende Kaffee
In dieser Situation wollen Sie sich einen Kaffee machen doch stellen fest, dass Sie sich einen kaufen müssten, da Ihr eigener Kaffee leer ist aber kein Supermarkt offen hat. Antworten auf die Fragen könnten folgendermaßen aussehen:

1. „Wenn ich mir den Kaffee an der Tankstelle kaufe, kann ich auch gleich nach den Benzinpreisen sehen.

Vielleicht habe ich ja heute Glück und sie sind etwas günstiger als sonst."

2. „Der gekaufte Kaffee schmeckt meistens sowieso besser als mein eigener."

3. „Ich muss anfangen, mein Gedächtnis zu trainieren. Hätte ich mich gestern daran erinnert, Kaffee zu kaufen, hätte ich dieses Problem jetzt nicht".

4. „Zumindest habe ich an Brot gedacht. Jetzt kann ich wenigstens normal Frühstücken."

Situation 2: Keine Zigaretten

1. „Wenn ich später von der Arbeit komme, wird mein Wagen nicht nach Rauch riechen."

2. „Meiner Lunge schadet es mit Sicherheit nicht, wenn ich heute Morgen mal keine Zigarette rauche."

3. „Vielleicht sollte ich mit dem Rauchen aufhören."

4. „Ich hätte die brennende Zigarette auf meine Klamotten oder meinen Autositzen fallen lassen können. Zum Glück kann mir das jetzt nicht mehr passieren."

Wie Sie sehen, ist es gar nicht schwer, positiv zu denken, wenn man erst einmal den Grundgedanken verstanden hat und weiß, was man machen muss.

In den nächsten Kapiteln finden Sie weitere Hilfen und Übungen, die Ihnen beim Erreichen Ihres Ziels, ein optimistischer Mensch zu werden, helfen.

Dankbarkeitstagebuch

Eine regelrechte Geheimwaffe, wenn es um das positive Denken geht: das Dankbarkeits-Tagebuch.

Aber was ist ein Dankbarkeitstagebuch überhaupt?

Ein Dankbarkeits-Tagebuch zu führen ist nicht schwer. Es ist nicht einmal zeitaufwendig. Sie benötigen nur höchstens fünf Minuten (und das ist sehr hoch gegriffen) Zeit am Morgen oder am Abend.

Nehmen Sie sich einen Block, ein kleines Heft oder ein kleines Buch und einen Stift.
Schreiben Sie nun alles auf, wofür Sie dankbar sind.

Egal, wie unwichtig Ihnen etwas erscheint, solange es Sie glücklich macht, schreiben Sie es auf. Sogar Sachen wie eine neue Geschmacksrichtung bei der Eisdiele in Ihrer Nähe werden aufgeschrieben.

Wenn Sie jeden Tag dasselbe aufschreiben, ist das nicht weiter schlimm. Es geht lediglich darum, zu erkennen, dass diese Dinge, die Sie glücklich machen, da sind. Denn was passiert, wenn Sie das Dankbarkeitstagebuch erst einmal zu Ihrer Routine gemacht haben, ist verblüffend. Sie werden nach einiger Zeit bemerken, wie Sie die positiven Dinge in Ihrem Alltag besser erkennen und mehr Wertschätzen.

Mit dem Tagebuch trainieren Sie Ihr Gehirn darauf, Dinge, für die Sie dankbar sind, zu erkennen.

Irgendwann läuft das fast schon automatisch. Sie erhalten somit positive Gedanken auf Autopilot und das gegen einen minimalen Aufwand einmal am Tag!

Negative Informationsquellen

Heutzutage hört man eine schlechte Nachricht nach der anderen. Sei es aus der Nachrichtensendung im Fernsehen, aus dem Radio oder aus einer Nachrichtenapp auf dem Handy.

Auch wenn Sie es vielleicht nicht intensiv merken, schaden solche Nachrichten dennoch Ihrem positiven Denken.

Wenn Sie sehr viel Nachrichten sehen, hören oder lesen, werden Sie mit Negativität belastet. Zwar bekommen die meisten Leute, wenn sie von Naturkatastrophen oder Morden hören zwar keine permanente schlechte Laune, aber sie denken automatisch negativer.

Je mehr Nachrichten Sie also sehen, desto mehr werden Sie ins Negative gezogen und desto schwieriger wird es Ihnen fallen, Ihre Gedanken positiver werden zu lassen.

Verständlicherweise werden Sie nicht komplett auf die Nachrichten verzichten wollen, immerhin wollen Sie ja darüber informiert bleiben, was auf unserer Welt alles geschieht.

Die gute Nachricht ist: Das müssen Sie auch gar nicht. Versuchen Sie einfach, den Konsum zu minimieren. Wenn z.B. das tägliche Ansehen der Nachrichtensendung am Abend für Sie zur Routine geworden ist, versuchen Sie auf eine andere Art der Nachrichtenübermittlung umzusteigen.

Mein persönlicher Geheimtipp dafür ist eine Nachrichtenapp. Wenn Sie eine App als Informationsquelle Ihrer Wahl nutzen, können

Sie sich eins bis zwei Tage in der Woche aussuchen, an denen Sie die aktuellen Nachrichten und die der letzten Tage, die Sie verpasst haben, alle auf einmal lesen.

Ein netter Nebeneffekt ist dabei auch noch, dass Sie nur die Nachrichten lesen, die Sie wirklich interessieren.

Meditation und Affirmationen

Positives Denken findet im Kopf statt. Vor allem am Anfang werden Sie sich in manchen Situationen richtig konzentrieren müssen, um wirklich positiv zu bleiben und nicht in alte Denkmuster zurückzufallen. Meditationen und Affirmationen werden Ihnen dabei helfen.

Durch Meditieren wird es Ihnen leichter fallen, Ihre Gedankengänge zu verändern und auch das reine Erkennen von negativen Gedanken wird viel schneller und einfacher sein, als ohne Meditation.

Die Affirmationen sind dafür da, Ihrem Unterbewusstsein eine positive Standardhaltung zu geben.

Sie werden ein rundum positiverer Mensch werden, was natürlich

erheblich beim optimistischen Denken hilft.

Meditation

Meditation hat sehr viele Anhänger und das nicht ohne Grund. Es ist gesund, hilft Ihnen in vielen alltäglichen Situationen und kann sogar beim Einschlafen helfen.

Sie werden sich das Potenzial, dass in Meditation steckt für Ihr Ziel zunutze machen. Vielleicht sind Sie etwas eingeschüchtert, weil Sie sich einen Mönch vorstellen, der stundenlang meditiert oder weil Sie sich vorstellen, wie unbequem ein Schneidersitz sein kann.

Wenn das der Fall ist, kann ich Sie beruhigen. Sie werden weder den Hauptteil Ihres Tages mit Meditieren verbringen müssen, noch müssen Sie eine bestimmte, unangenehme Position einnehmen.

Starten Sie erst einmal mit 10 Minuten am Tag, das reicht fürs Erste vollkommen (später kann die Zeit, falls gewünscht natürlich erhöht werden).

Stellen Sie sicher, dass Sie während der Meditation nicht gestört oder abgelenkt werden: Schließen Sie Ihr Fenster, stellen Sie Ihr Handy auf lautlos und sagen Sie am besten auch Ihren Mitbewohnern bescheid (falls Sie welche haben) damit diese Sie nicht unterbrechen.

Es ist ebenfalls zu empfehlen, noch einmal das Bad aufzusuchen und etwas zu trinken oder zu essen, wenn Sie durstig oder hungrig sind. Wenn Sie das erledigt haben, können Sie bereits eine Position einnehmen, die Ihnen angenehm erscheint.

Nehmen Sie sich dafür ruhig kurz Zeit, immerhin werden Sie für die nächsten 10 Minuten in dieser Position verharren. Nachdem Sie es sich gemütlich gemacht haben, sollten Sie sich erst einmal entspannen. Machen Sie sich klar, dass Sie die nächsten 10 Minuten nur für sich haben.

Stress kann Ihnen während dieser Zeit nichts anhaben. Die Zeit ist alleine für Sie und niemand wird Sie Ihnen wegnehmen.

Achten Sie nun auf Ihre Atmung. Atmen Sie vier Sekunden lang ein, halten Sie die Luft für 4 Sekunden und atmen Sie dann wieder vier Sekunden lang aus. Dabei ist zu beachten, dass Sie durch Ihren Bauch atmen und nicht durch Ihre Brust.

Wenn Sie sich nicht sicher sind, ob Sie wirklich richtig atmen, können Sie das ganz einfach üben. Stellen Sie sich dafür vor einen Spiegel und atmen Sie ein. Wenn sich Ihr Brustkorb und/oder Ihre Schultern bewegen, atmen Sie in die Brust.

Bei der Bauchatmung hebt sich lediglich der Bauch und die Schultern bleiben genauso wie der Brustkorb gleich (ganz leichte Erhöhungen sind OK). Diese Atemtechnik dient zur Entspannung und ist für ungefähr 15 Atemzüge auszuführen, anschließend können Sie ganz normal durch den Bauch weiteratmen.

Im Weiteren Verlauf des Buchs werde ich diese Technik als die „4/4/4-Atemtechnik" beschreiben. Da Sie sich nun entspannt und sicher fühlen, beginnt die eigentliche Meditation. Versuchen Sie, sich auf Ihren Atem zu konzentrieren.

Denken Sie dabei an nichts, sondern nehmen Sie einfach nur Ihre Atmung wahr. Gerade als Anfänger werden Sie das wahrscheinlich nicht schaffen. Das ist vollkommen normal.

Selbst als Fortgeschrittener wird Ihnen das nicht zu 100 % möglich sein. Unerwünschte Gedanken kommen immer und das werden sie auch immer. Die erste Hürde besteht darin, sie überhaupt zu erkennen.

Viele Anfänger verharren in einem der aufkommenden Gedanken und führen ihn immer weiter. Am Ende vergessen sie, dass sie sich eigentlich konzentrieren wollten und sich in einer Meditation befinden.

Um das zu verhindern, kann ein einfacher und dennoch sehr gut funktionierender Trick helfen:

Visualisierungen. Mithilfe einer Visualisierung kann es Ihnen gelingen, den Gedanken loszuwerden. Visualisieren Sie auf eine beliebige Art und Weise, wie der Gedanke weggeworfen wird oder verschwindet.

Zum Beispiel könnte man den Gedanken als eine Datei visualisieren, die in den Mülleimer eines Computers gezogen und somit gelöscht wird.

Nachdem der Gedanke so vertrieben wurde, kann fortgefahren werden. Hier noch ein paar Tipps für Sie:

1: Geben Sie nicht so schnell auf. Meditation ist nicht das Einfachste auf dieser Welt. Aber nachdem Sie sie gemeistert haben, werden Sie froh sein, dass Sie weiter gemacht haben!

2: Bestimmte Wahrnehmungen können beim Meditieren helfen. Manchen Leuten hilft eine bestimmte Playlist, anderen eine bestimmte Art von Duftkerze. Probieren Sie ruhig verschiedene Sachen aus, bis Sie etwas für sich gefunden haben!

3: Wenn Sie Probleme haben, können Sie sich auch einmal an einer geführten Meditation versuchen. Suchen Sie einfach im Internet nach einer, die das Thema positives Denken/Optimismus behandelt oder nach einer einfachen Entspannungsmeditation.

Wenn erst einmal die Richtige gefunden ist, kann sie Ihnen sehr behilflich sein! Nach einer gewissen Zeit werden Sie erste Veränderungen bemerken.

Sie werden sich besser konzentrieren können und sogar besser gelaunt sein. Das positive Denken wird viel leichter werden!

Affirmationen

Auch die sogenannten Affirmationen besitzen im Internet viele Anhänger, die auf sie schwören. Mit ihrer Hilfe soll man abnehmen, einen Partner finden, zu mehr Geld kommen und viele andere Verbesserungen im Leben erreichen, abhängig von der gewählten Affirmation.

Durch Affirmationen bekommen Sie zwar nicht wie durch Zauberhand das, was Sie wollen, aber sie sind dennoch eine große Hilfe beim Erreichen eines gesetzten Zieles, in Ihrem Fall das eines positiven Denkens.

In der Definition bedeutet „Affirmation" nichts anderes als „bejahende Aussage". Also ein positiv formulierter Satz, der eine bestätigende Aussage besitzt.

Im Grunde können Affirmationen fast alles sein. Simple Aussagen wie „Ich treibe Sport" oder „Ich esse gerne Pizza" zählen theoretisch auch dazu.

Erst, wenn zwei Aspekte ergänzt werden, wird aus der normalen Aussage ein Werkzeug zur Erfüllung eines Zieles. Diese Aspekte sind Wiederholung und Zielfokus. Das Letzte bedeutet, dass die Aussage mit einem Ziel oder einer klaren Richtung verbunden wird.

Wiederholung ist ein weiterer Aspekt, da die Affirmationen nicht nur einmal benutzt werden. Sie kommen in einem bestimmten Zeitraum mehrere Male vor. Typische Affirmationen sind zum Beispiel „Ich bin der Top-Manager meiner Firma", „Meine sportlichen Leistungen werden immer besser", oder „Mein Reichtum wächst stetig".

Eine ganz genaue Vorhersage darüber, wie Affirmationen Ihr Leben verändern werden, lässt sich nicht treffen. Was sich auf jeden Fall sagen lässt, ist dass Sie Ihr Handeln und Ihre Einstellung in Richtung Ihrer Ziele lenken werden.

Das werden Sie nicht zwangsläufig aktiv bemerken, da sich Affirmationen in das Unterbewusstsein festsetzen. Dieses nimmt die Aussagen sozusagen auf und macht aus Ihnen unter anderem Zwischenziele und Strategien, die aber eben nur in Ihrem Unterbewusstsein gespeichert sind.

Dass Sie sie nicht bemerken heißt aber noch lange nicht, dass sie nicht wirken, ganz im Gegenteil. Tatsächlich ist unser Unterbewusstsein wesentlich stärker und aktiver als unser normales Bewusstsein, also unsere Gedanken, Gefühle u.s.w.

Wenn Sie sich ein Ziel setzen, arbeiten Sie hauptsächlich mit Ihrem normalen Bewusstsein. Um das Ziel wirklich zu erreichen, müssen Sie zu 100 % daran glauben und dabei stehen Ihnen Affirmationen zur Seite.

Sie machen es Ihnen möglich, negative Glaubenssätze abzulegen und sie durch positive zu ersetzen. Im Internet gibt es unzählige Affirmationsvideos.

In diesen werden gezielt ausgewählte Affirmationen zu einem gewissen Thema während des gesamten Videos immer wieder wiederholt.

Das Ganze wird meistens mit Musik versehen, damit das Anhören angenehmer ist (die Affirmationen sind meistens so leise, dass man sie nicht einmal hören kann. Aber keine Angst, Ihr Unterbewusstsein nimmt sie trotzdem auf!).

Darüber hinaus gibt es ebenfalls Audios zum Herunterladen. Suchen Sie sich eine der zwei Varianten aus und nehmen Sie sich etwas Zeit, um das richtige Video bzw. das richtige Audio für sich zu finden.

Dieses hören Sie sich dann ein mal am Tag an. Empfohlene Zeiten sind direkt nach dem Aufstehen und kurz vor dem Einschlafen. Durch das Anhören am Morgen nimmt Ihr Unterbewusstsein die Aussagen besser auf, da sie die ersten Informationen sind, die es an dem jeweiligen Tag bekommt.

Der Vorteil am Abend ist der, dass es das Letzte ist, was Ihr Unterbewusstsein aufnimmt, bevor Sie einschlafen. Im Schlaf hat das Unterbewusstsein genug Zeit, um alle möglichen Eindrücke zu verarbeiten.

Da Sie sich während des Schlafens in einem Zustand befinden, in dem Sie nicht so viele Eindrücke erhalten wie im wachen Zustand, fällt das Verarbeiten und Speichern der Affirmationen leichter. Auch hier habe ich wieder ein paar hilfreiche Tipps für Sie.

Die Länge der Videos und Audios im Internet können sehr stark variieren. Entscheiden Sie selbst, wie Lange die Abspielzeit sein soll. Länger heißt nicht besser.

Viele machen den Fehler, die Lautstärke zu hoch einzustellen, in der Hoffnung, das hätte schnellere Resultate zur Folge.

Diese Annahme ist aber sehr weit von der Wahrheit entfernt. Ihr Unterbewusstsein nimmt die Informationen genauso gut bei leiser Einstellung auf wie bei einer Lauten. Stellen Sie die Lautstärke also so ein, wie es für Sie angenehm ist.

Falls gewünscht, können Sie das Audio/Video auch mit einer Meditation verbinden. Hören Sie sich dafür einfach das Audio/Video während der Meditation an und konzentrieren Sie sich auf es anstatt auf Ihre Atmung (diese sollte dennoch eine Bauchatmung sein).

Negativer Einfluss durch Mitmenschen

Ihr Umfeld hat einen enormen Einfluss auf Ihr Leben. Und zwar einen viel größeren, als Sie im Moment noch denken. Wenn man eine Gruppe von Leuten, die viel Zeit miteinander verbringt, beobachtet, wird man Veränderungen bei jeden von ihnen feststellen.

Nach einiger Zeit wird jeder gewisse Verhaltensweisen und manchmal sogar Meinungen der Anderen als seine eigenen übernommen haben.

Das liegt daran, dass wir Menschen uns automatisch anpassen. Wir wollen uns als Teil der Gruppe fühlen. Wir wollen Sicherheit und Zugehörigkeit spüren.

Selbst starke Persönlichkeiten fallen diesem System zum Opfer. Sie können nichts dagegen tun, es passiert, ohne das man es mitbekommt. Dieses System zu kennen ist ausschlaggebend für Ihre Entwicklung und Denkweise als Einzelner. Nun können Sie nämlich damit anfangen, die falschen Menschen aus Ihrem Umfeld zu stoßen.

So laufen Sie nicht Gefahr, die schlechten Eigenschaften zu übernehmen. Ich rede hierbei aber nur von den wirklich negativen Menschen. Ich rede von der Art von Mensch, der wie ein Gift für Sie ist.

Diese giftigen Menschen sind vollkommen negativ veranlagt und ziehen ihre Umgebung mit in den Abgrund. Sie reden mit ihren Mitmenschen nie auf eine gute, aufbauende Art. Stattdessen machen sie alle anderen nieder und sind mit nichts zufrieden.

Diese Leute sehen alles negativ und verbreiten eine bedrückte Stimmung, wenn sie in einer Gruppe unterwegs sind.

Verwechseln Sie solch giftige Menschen aber auf keinen Fall mit denen, die im Moment einfach nur eine schlechte Zeit durchmachen.

Wenn diese Zeit vorbei ist, werden sie wieder zu jemandem, den man gerne in seinem Umfeld hat. Was Sie sich merken sollten, ist also folgendes: Werden Sie die falschen Menschen los aber passen Sie auf, dass Sie dabei keinen guten erwischen!

Vergleiche vermeiden

Es liegt in der Natur des Menschen, sich mit Anderen zu vergleichen. Dies dient vor allem der Selbstverbesserung und Fehlerkorrektur.

Aber für die Psyche hat das oft negative Auswirkungen. Der Nachbar hat ein größeres Haus, ein Freund kommt in seiner Karriere besser voran als Sie in Ihrer, jemand besitzt ein attraktiveres Äußeres als Sie.

Man könnte viele Beispiele dieser Art nennen, aber alle haben eines gemeinsam: Sie sorgen dafür, dass Sie sich schlecht fühlen und vor allem schaden Sie Ihrem positiven Denken.

In dem Moment, in dem Sie sich mit einer anderen Person vergleichen und diese Sie auf eine gewisse Weise übertrumpft, machen Sie sich unbewusst selber herunter. Automatisch kommen negative Gedanken wie Schuldgefühle oder Reue zum Vorschein.

Unterlassen Sie also unter jeglichen Umständen das Vergleichen mit anderen Leuten. Was erlaubt ist, ist sich Andere als Vorbild zu nehmen.

Lebensqualität

Zufriedenheit und eine gute Laune gehen mit einem positiven Denken einher. Es wird Ihnen sehr schwer fallen, positiv zu denken, wenn Sie schlecht gelaunt oder komplett unzufrieden sind.

Aus diesem Grund habe ich für Sie die folgenden 35 Tipps zusammengestellt, die Ihr Leben positiv verändern werden!

1. Seien Sie ein ehrlicher Mensch

Auch wenn es so aussieht, als wäre eine Lüge der einzige Ausweg, ist das Lügen dennoch eine schlechte Angewohnheit. Früher oder später fliegt jede noch so gut geplante Lüge durch einen Zufall auf und die Belogenen werden enttäuscht.

Lügen haben noch nie Gutes gebracht und das werden sie auch nie. Wenn Sie Schwierigkeiten haben, ehrlich zu bleiben, versuchen Sie einfach folgendes: Versetzen Sie sich voll und ganz in die andere Person hinein. Stellen Sie sich vor, wie Sie sich als Belogener fühlen würden. Wie würde Ihr inneres aussehen, wenn Sie mitbekommen würden, dass Sie belogen wurden?

Wahrscheinlich nicht gerade gut. Merken Sie sich, dass Sie genau dieses Gefühl der anderen Person geben werden und überlegen Sie sich dann noch einmal, ob Sie nicht lieber ehrlich bleiben wollen.

2. Seien Sie bescheiden

Egal ob Sie reich sind oder ob Sie zur Mittelklasse gehören, auch Sie werden bestimmt etwas besitzen, worauf Sie stolz sind. Etwas, worüber Sie sehr glücklich sind und mit dem Sie auch gerne mal angeben.

So einen Besitz zu haben ist wünschenswert und macht viele glücklich. Trotz alledem ist es wichtig, dass Sie eine gewisse Bescheidenheit an den Tag legen.

Durch Besitztümer laufen Sie nämlich Gefahr, einen falschen Sinn für Selbstwert und Sicherheit zu entwickeln. Oftmals schleicht sich dann ein Gedanke wie „Ich habe etwas, also bin ich etwas" ein.
So ein Gedanke wird nicht als negativ wahrgenommen, bis der mit ihm zusammenhängende Besitz nicht mehr da ist.

Erst dann kommt man zu der Erkenntnis, dass es zwar schön war, es zu besitzen, es aber keine tragende Rolle im Leben gespielt hat.

Achten Sie auf die Dinge, die im Leben wirklich wichtig sind und sehen Sie Besitztümer nur als ein angenehmes Plus.

3. Gönnen Sie sich auch mal eine Pause

Der neue Bericht muss bald fertig sein, Ihr Kind hat eine Aufführung in der Schule und das andere Kind braucht dringend Hilfe bei einem Referat, dass es am nächsten Tag halten muss.

Kommt Ihnen so ein enger Terminplan bekannt vor? Manchmal müssen wir einfach alles auf einmal erledigen, sodass keine Zeit für die entspannten Dinge des Lebens bleiben.

Diese sind aber sehr wichtig für das Wohlbefinden. Wer immer nur an die Dinge denkt, die er noch zu erledigen hat, wird kein Spaß im Leben finden, abgesehen davon ist zu viel Stress auch noch nachweislich ungesund. Versuchen Sie also, sich jeden Tag zumindest ein wenig Zeit zur Entspannung zu geben, egal wie viele Sachen es noch zu erledigen gilt.

Und wenn es nur eine kurze Folge Ihrer Lieblingsserie oder ein viertelstündiger Powernap ist, bauen Sie etwas in Ihren Alltag ein, dass Sie von dem Druck des Stresses befreit.

Nur auf diese Weise können Sie glücklich und mit positiven Gedanken durchs Leben gehen und dabei auch noch gesetzte Ziele erreichen.

4. Das Hier und Jetzt

Unsere Gedanken sind wie ein wilder Sturm. Auf eine unberechenbare Weise schießen uns immer wieder alle möglichen Themen in den Kopf. Leider sind diese oftmals mit Sorgen verbunden. Selbst wenn es keine negativen Dinge sind, an die wir denken, können sie trotzdem zum falschen Zeitpunkt kommen und den Moment komplett kaputt machen.

In den 24 Stunden, den ein Tag hat, kann sehr vieles geschehen, sogar manches, das wir nie wieder erleben werden. Ohne Frage ist also jeder Moment wertvoll.

Aus diesem Grund sollten Sie lernen, in gewisser Weise im Hier und Jetzt zu leben. Mit „in gewisser Weise" meine ich, dass Sie nicht sorglos mit einer „es wird schon alles gut gehen"- Einstellung durchs Leben gehen dürfen.

Das würde nur zu negativen Ergebnissen führen. Stattdessen sollten Sie verantwortungsbewusst bleiben, während Sie den Moment in vollen Zügen genießen. Lassen Sie störende Gedanken einfach kommen und gehen, beachten Sie sie erst gar nicht.

Denken Sie immer daran, dass es jeder Moment Wert ist, ihm 100 % der Ihnen zur Verfügung stehenden Aufmerksamkeit zu geben.

5. Bleiben Sie schuldenfrei

Schulden sind ein sehr großes Problem in der heutigen Gesellschaft. Sie geben einem dieses ungute Gefühl, dass man nicht loswird, bis man auch die Schulden losgeworden ist.

Sie sind wie ein Ballast, den man den ganzen Tag lang mit sich herumschleppt. Versuchen Sie also unbedingt, Schuldenfrei zu bleiben! Auch wenn es manchmal schwer ist, müssen Sie stark bleiben.

Erinnern Sie sich in schwierigen Momenten daran, welch hohe psychische Belastung Schulden mit sich bringen. Ist es das wirklich Wert?

6. Bleiben Sie immer authentisch

Wirklich authentische Menschen werden immer weniger. Dabei ist es eine Eigenschaft, die sehr viel Lob verdient hat.

Wer sie besitzt, geht zufriedener als andere durchs Leben. Fangen Sie damit an, sich so zu kleiden, wie es Ihnen gefällt, nicht wie es andere akzeptieren und steigern Sie sich dann immer mehr.

Sehen Sie ein, dass das Leben zu kurz ist, um sich für andere Menschen auf irgendeine Weise zwanghaft zu verändern! Nicht nur das, manchmal geht fehlende Selbstverwirklichung auch mit Depression oder anderen psychischen Krankheiten einher. Bleiben Sie also unbedingt Sie selbst!

7: Reisen Sie

Ein weiterer Tipp für ein glücklicheres Leben, der Oft unterschätzt wird, ist der des Reisens. Fremde Orte und Kulturen zu entdecken gibt Ihnen ein wunderbares Gefühl inneren Friedens.

Es muss nicht zwingend eine große Reise über die halbe Welt sein, es muss nicht einmal ein anderes Land sein.

Das Entscheidende ist, dass Sie sich aus Ihrer gewohnten Umgebung entfernen und an einen Ort gehen, an dem Sie vorher noch nicht waren. Entfachen Sie die Reiselust in sich, es lohnt sich!

8: Seien Sie ein Vorbild

Begeben Sie sich in die Rolle eines anderen Menschen. Dabei sind Alter, Geschlecht, Hobbys und andere Faktoren vollkommen egal.

Sehen Sie sich nun als dieser andere Mensch genauer an. Betrachten Sie Ihre Taten, Ihre Verhaltensweisen, Ihr ganzes Leben. Fragen Sie sich: „Ist dieser Mensch ein Vorbild für mich?"

Wenn die Antwort nein ist, sollten Sie etwas daran ändern. In diesem Fall halten Sie sich nämlich selbst nicht für gut genug, ein Vorbild für andere abzugeben.

Wie bereits erwähnt geht ein glückliches Leben mit positivem Denken einher und wenn Sie das erreichen wollen, ist es von Vorteil, ein Vorbild zu werden und sich auch für ein solches zu halten.

Es wird wie eine Art Selbstbestätigung sein, mit der Sie ein Stück innere Zufriedenheit erlangen werden.

9. Lernen Sie nie aus

Ihre Jahre in der Schule sind vermutlich schon vorbei. Das heißt aber nicht, das es nicht immer noch Sinn ergibt, stetig etwas Neues zu lernen.

Werden Sie zu einem interessierten Lerner. Lernen Sie so viel wie möglich über etwas, das Sie interessiert. Das alte Sprichwort „Wissen ist Macht" kennt nicht ohne Grund jeder. Sie wissen nie, wann Sie welches Wissen einmal gebrauchen können, daher ist alles Neue, dass Sie lernen, die Mühe Wert!

Abgesehen davon, dass Sie dadurch erheblich gebildeter werden, wird das Anhäufen von Wissen auch Ihre Gespräche mit Ihren Mitmenschen verbessern. Werden Sie zu der Person, der immer alle zuhören, da sie so viel Interessantes zu sagen hat.

10. Wagen Sie sich etwas neues

„Wer nichts wagt, der nichts gewinnt!" Auch wenn das nicht immer hundertprozentig stimmt, ist es in den meisten Fällen dennoch ein Sprichwort, nachdem es sich zu richten lohnt! Manchmal müssen wir uns etwas trauen, um etwas zu erreichen oder einen unvergesslichen Moment zu erleben.

Lassen Sie sich im Leben auf gar keinen Fall von Ihrer Angst leiten. Wenn Sie den Weg der Angst gehen, werden Sie einmal vieles bereuen. Und das nicht erst auf dem Sterbebett.

Sie werden sich oft darüber ärgern, dass Sie bestimmte Möglichkeiten nicht ergriffen haben, weil die Angst einfach zu groß war. Dabei ist die Belohnung, die auf Sie wartet, wenn Sie es schaffen diese Angst zu besiegen, in den meisten Fällen viel größer als die Angst selbst.

Um Ihre Ängste zu besiegen und sich Neues zu trauen ist es zunächst einmal wichtig, dass Sie sich klar machen, dass jeder Angst hat, Sie sind damit nicht alleine.

Viele Menschen erleben Tag für Tag Situationen, in der sie ihre Furcht ebenso bekämpfen wie Sie.

Die Tatsache, dass viele Menschen diesen Kampf zu gewinnen wissen, zeigt, dass es möglich ist! Fangen Sie mit Beginn des morgigen Tages damit an, regelmäßig etwas zu tun, wovor Sie angst haben.

Das muss nichts Großes sein, Augenkontakt mit einer fremden Person zum Beispiel reicht vollkommen aus. In nicht allzu langer Zeit wird

Ihnen der Umgang mit der Furcht immer leichter fallen und neue Erlebnisse werden auf Sie warten.

11. Leben Sie gesund

Hier ist er wieder: Der Ratschlag, den man zu genüge, von allen möglichen Personen zu hören bekommt. Auch, wenn es Ihnen schon zu den Ohren herauskommt:

Leben Sie gesund! Ein gesundes Leben ist wie ein Grundbaustein für ein glückliches Leben und damit auch für positive Gedanken.

Denken Sie, bevor Sie wieder genervt von diesem Thema abweichen, darüber nach, wie wichtig Gesundheit eigentlich ist. Ohne sie wäre das Leben nicht dasselbe.

Egal ob man arm oder reich ist, jeder von uns trägt die Verantwortung, auf seinen Körper zu achten und auf gesunde Weise zu leben. Natürlich werden Sie deswegen kein gesundheitlich gesehen perfektes Leben führen, aber Ihrem Körper und Ihrer Positivität zuliebe sollten Sie sich zumindest Mühe geben.

Treiben Sie etwas Sport, essen Sie abwechslungsreich mit genug Vitaminen, dämmen Sie den Konsum von Rauschmitteln ein. Das alles kann zu einem gesünderen und damit auch glücklicheren Leben mit einem positiven Mindset beitragen!

12. Vergessen Sie nicht, zu geben

Auch hierzu gibt es wieder ein bekanntes Sprichwort: „Geben ist besser als Nehmen". Das trifft nicht nur für Leute zu, die an Karma glauben. Immer wenn Sie jemandem etwas Gutes tun, erfüllt es Sie mit einem Gefühl von Freude. Selbst wenn Sie von selbstlosen Gesten nichts halten, werden auch Sie ein wohltuendes Gefühl von Selbstzufriedenheit und Glück verspüren, wenn Sie die Freude anderer sehen.

Abgesehen davon wird sich in irgendeiner Form das Karma zeigen und Ihnen etwas Gutes zurückgeben, was kein Hokuspokus, sondern vielmehr eine Reihe glücklicher Zufälle ist. Ein Beispiel:

Sie helfen einem Obdachlosen aus, indem Sie ihm etwas Geld geben. Eine paar Tage später sind Sie auf dem Weg zu einem wichtigen Treffen. Sie tragen Ihr hochwertigstes Outfit, weil es Eindruck zu schinden gilt. Trotz einer abweichenden Wettervorhersage fängt es an zu regnen und da Sie zu Fuß unterwegs sind, werden Ihre guten Klamotten vollkommen durchnässt sein, bis Sie dort angekommen sind, wo Sie hinwollen.

Plötzlich treffen Sie auf den Obdachlosen, der sich durch die Spende ein warmes Abendessen leisten konnte.

Er erinnert sich an Sie und reicht Ihnen einen Regenschirm, den er ein paar Stunden zuvor gefunden hatte. Gutes zu tun lohnt sich also immer!

13. Zeit mit den richtigen Menschen verbringen

Ich habe bereits erklärt, warum Sie sich von negativen Menschen trennen sollten. Nun kommen wir zum Gegenstück: Nämlich zu den Menschen, die Ihr Leben bereichern!

Mit Menschen dieser Art sollten Sie so viel Zeit verbringen, wie Ihnen nur möglich ist, da ihre positiven Eigenschaften sich genauso auf Sie abfärben können wie die schlechten der negativen Mitmenschen. Es ist wissenschaftlich bewiesen, dass es uns glücklich macht, wenn wir Zeit mit den Menschen verbringen, die wir mögen. Egal ob sie aus der Familie, dem Freundeskreis oder dem Kollegium kommen, suchen Sie mehr Kontakt zu positiven Leuten und auch Sie werden einen Aufschwung Ihrer guten Laune und Positivität erleben!

14. Seien Sie dankbar

Zu oft schätzen wir nicht wert, was wir haben. Für uns sind viele Sachen selbstverständlich, sodass wir erst gar nicht darüber nachdenken, wie das Leben ohne sie wäre.

Als Spitze des Eisberges beschweren wir uns auch noch, weil Andere mehr haben oder wir nicht das bekommen, was wir wollen. Machen Sie diesen Fehler nicht.

Seien Sie nicht wie das Kind, dass mit seiner Familie einkaufen geht und unglücklich ist, weil er ein besonderes Spielzeug nicht bekommt, dabei aber vergisst, dass er im Gegensatz zu seinem Freund sehr viele Spielzeuge besitzt. Natürlich wird es immer Menschen geben, die mehr haben als Sie.

Vermutlich werden Sie auch nie vollkommen zufrieden mit Ihrem Leben sein, es wird immer irgendetwas geben, das besser sein könnte. Aber vergessen Sie nicht, dass es umgekehrt genauso ist.

Auch nach unten ist immer alles offen. Manche Menschen wünschen sich genau das, was Sie haben und wären damit überglücklich. Sei es Ihr Auto, Ihr Fernseher oder Ihre Inneneinrichtung.

Es ist kein Problem, falls es Ihnen schwerfällt, dankbarer zu werden. Dafür gibt es einen kleinen Trick. Nehmen Sie sich dafür morgens oder abends etwa fünf bis zehn Minuten Zeit. Holen Sie sich einen Stift und ein Blatt Papier.

Als Nächstes werden Sie alles aufschreiben, wofür Sie dankbar sind. Gehen Sie in sich und realisieren Sie, wie viele Dinge existieren, die

Sie glücklich machen und die Sie wertschätzen. Dabei sollten Sie sich nicht nur auf materielle Dinge beziehen, vielmehr sollten Sie wirklich alle Aspekte Ihres Lebens betrachten.

Stellen Sie sich zum Beispiel vor, was wäre, wenn Sie Ihren Partner oder einen anderen Teil Ihrer Familie nicht mehr hätten. Auf der Welt gibt es sehr viele Menschen, die ein Familienmitglied verloren haben und seitdem damit leben müssen.

Oder was wäre, wenn Sie körperlich eingeschränkt wären, wenn Sie nicht laufen könnten? Das würde Ihr Leben um einiges erschweren. Sie könnten eine geliebte Sportart nicht mehr ausführen oder wären vermutlich erst einmal auf öffentliche Verkehrsmittel angewiesen.

15. Seien Sie verspielt

Verspielt klingt erst einmal nach einem schlechten Witz. Aber einen kindlichen Teil in sich zu behalten ist etwas, was durchaus glücklich machen kann.

Damit meine ich jetzt nicht, dass Sie an einem freien Tag zum Spielplatz gehen und dort stundenlang spielen sollen. Was Ihnen auf jeden Fall nicht schaden wird, ist eine kindliche Spontanität zu entwickeln.

Wenn Sie Lust haben, schwimmen zu gehen, gehen Sie schwimmen. Wenn Sie tanzen wollen, dann tanzen Sie und wenn Sie ein Lied laut mitsingen wollen, dann singen Sie eben das Lied mit.

Aber aufgepasst: Zwingen Sie sich zu nichts! Wenn Sie zwanghaft versuchen, mehr wie Ihr kindliches ich zu leben und sich dabei aber nicht wohlfühlen, bringt es nichts.

Es geht lediglich darum, den kindlichen, nach Spaß suchenden Teil in sich auch einmal ans Licht zu lassen, wenn er ans Licht will.

16. Seien Sie offen für neues

Viele Erwachsene sind durch einen geregelten Alltag zu Gewohnheitstieren geworden. Am Morgen wird bei einem Kaffee in Ruhe die Zeitung gelesen, nach der Arbeit werden die Nachrichten gesehen und Abends im Bett wird die Lieblingsserie auf Netflix angesehen, bis es am nächsten Tag wieder von vorne losgeht.

Die meisten denken nicht einmal darüber nach, die geliebte Routine einmal zu brechen und etwas Neues zu tun.

Wieso sollte man auch das, was sich bereits mehrmals bewährt hat, auslassen und etwas anderes tun?

Ganz einfach: Weil man sonst viele großartige Erlebnisse und Chancen verpasst!

Sie wissen nie, ob Ihnen etwas Freude bringen wird, wenn Sie es noch nie gemacht haben, aber wer das als Ausrede benutzt wird nie ein wirklich erfülltes und glückliches Leben führen.

17: Genießen Sie Ihr Leben

Selbst wenn man sehr alt wird, ist das Leben kurz. Ehe man sich versieht, sind Jahre vergangen. Bei einer doch so kurzen Zeit, die Sie auf dieser Welt verbringen, sollten Sie alle Vorteile die dieses Leben bietet genießen.

Selbstverständlich haben Sie pflichten, die Sie erfüllen müssen. Sie müssen arbeiten, um Ihre Familie zu versorgen, Sie müssen sich um die Entwicklung Ihrer Kinder kümmern, Sie müssen Rechnungen bezahlen u.s.w. Doch egal wie viele Pflichten es sind bzw. wie viel Stress Sie zu haben scheinen, um das Leben zu genießen ist immer Zeit.

Sie können verantwortungsvoll durchs Leben gehen und trotzdem Ihr Leben so leben, wie Sie es sich wünschen. Verbringen Sie Zeit mit Menschen, die Ihnen wichtig sind.

Gehen Sie leidenschaftlich Ihren Hobbys nach. Tun Sie was auch immer es ist, dass Sie tun wollen.

18. Gehen Sie Ihren träumen nach

Jeder hat einen Traum. Einen Wunsch, für dessen Erfüllung er alles tun würde. Leider funkt bei vielen Leuten das Leben dazwischen. Das Leben gibt ihnen einen guten Grund, nicht ihren Träumen nachzugehen und einen anderen Weg einzuschlagen.

Wenn Sie sich hierbei wiedererkennen und darunter leiden, sollten Sie etwas dagegen tun. Lassen Sie sich nicht unterkriegen und fangen Sie an zu tun was zu tun ist, um sich Ihren Traum zu erfüllen.

Es gibt eine Weisheit, die Sie sich auf jeden Fall einprägen sollten, die Sie am besten sogar zu Ihrem Lebensmotto machen: Sie können alles erreichen, wenn Sie es nur wollen!

Das haben bereits unzählige Menschen unter Beweis gestellt. Menschen, die in sehr armen Verhältnissen aufwuchsen und keine Perspektive zu haben schienen, sind nun sehr wohlhabend. Leute, die mit einer Behinderung zu kämpfen haben, die ihnen ihren Sport, den Sie Tag für Tag verfolgen erheblich erschweren, haben Höchstleistungen erreicht, die ihnen niemand zugetraut hätte.

Möglicherweise denken Sie sich jetzt, dass das zwar alles schön und gut ist, sie aber mittlerweile zu alt sind, um einen neuen Weg in Richtung Traumerfüllung zu gehen. Ich kann Ihnen versichern, dass Sie das nicht sind. Es ist nie zu spät!

19. Vertreten Sie sich selbst

Vielleicht kommt Ihnen das bekannt vor: Sie verbringen Zeit mit ein paar Freunden und Bekannten und die Gruppe plant zusammen, was sie im weiteren Laufe des Abends noch machen sollte.

Es kommen verschiedene Themen auf und letztendlich wird sich für einen Kinobesuch entschieden.

Eigentlich haben Sie nicht wirklich Lust auf Kino, aber da Sie bemerken, dass Sie der Einzige mit dieser Meinung sind, stimmen Sie dem Wunsch der Anderen zu.

Als Nächstes wird diskutiert, welcher Film angesehen wird. Sie haben den Wunsch, einen etwas unbeliebten Film zu sehen. Ihnen ist bewusst, dass Ihre Wahl nicht angenommen werden wird, weshalb Sie sie erst gar nicht aussprechen und sich wieder einmal dem Willen Ihrer Freunde und Bekannten beugen.

Falls Sie sich oft in Situationen wie diesen wiederfinden und auf die beschriebene Weise reagieren, wissen Sie bereits, dass sich das nicht gerade gut anfühlt. Wenn Sie Ihre Meinung nicht offen aussprechen und für sie stehen, wird Ihre Gefühlslage verändert.

Wahrscheinlich fühlen Sie sich unterdrückt und bereuen, wie Sie reagiert haben. Wie Sie bereits gelernt haben, hat Ihre Gefühlslage einen großen Einfluss darauf, wie einfach oder schwer Ihnen das positive Denken fällt.

Daher werden Sie während dem Lesen vermutlich schon zu der Erkenntnis gekommen sein, dass die beschriebene Verhaltensweise die falsche ist. Sie sollten sich nicht davor fürchten, Ihre Meinung zu vertreten.

Vielleicht ist das für Sie nicht so einfach wie es zunächst klingt.

Daher ein Tipp an Sie, mit dem Sie Ihre Erfolgschancen erhöhen: Arbeiten Sie mit passenden Affirmationen, um das Selbstvertrauen zu stärken.

Wenn Sie sich wie in dem dazugehörigen Kapitel beschrieben mit Affirmationen stärken, werden Erfolge bereits nach kurzer Zeit kommen. Sie müssen es einfach bei jeder Gelegenheit üben.

Immer, wenn sich Ihnen die Möglichkeit bietet, müssen Sie an Ihrer Meinungsauskunft arbeiten.

Irgendwann werden Sie sich sicher und allgemein einfach besser fühlen, was sich natürlich wieder gut auf die von Ihnen angestrebte positive Denkweise auswirkt.

20. Verzeihen Sie sich Ihre Fehler

Die Vergangenheit ist Vergangenheit. Man kann sie nicht mehr ändern, was passiert ist, ist passiert. Das zu akzeptieren ist aber leichter gesagt als getan.

Viel zu oft haben Fehler, die wir in der Vergangenheit begangen haben, einen starken Einfluss auf die Gegenwart oder sogar die Zukunft. Meistens ist der Grund dafür, dass man sich nicht selbst vergeben kann oder die Folgen der Vergangenheit nicht akzeptieren will/möchte.

Lassen Sie sich durch ein solches Denken nicht Ihr Leben verderben! Es gibt niemanden, auf dessen Konto nicht zumindest ein Fehler steht, der einen negativen Einfluss auf einen oder mehrere Menschen hatte.

Und, wie ich bereits am Anfang geschrieben habe, können Sie nichts mehr daran ändern. Es gibt zwei Möglichkeiten, wie Sie damit umgehen können:

Entweder Sie machen sich wegen der Vergangenheit auf ewig herunter und verschlimmern so den Schaden, die der Fehler angerichtet hat, oder Sie schließen mit ihm ab und leben weiter. Wenn Sie ein würdevolleres und einfach besseres Leben führen möchten, ist die Vergangenheit definitiv eine Baustelle, an der Sie arbeiten müssen. Aber keine Sorge auch das werden Sie mit der Zeit schaffen.

Nein sagen

Es wird immer Menschen geben, die Ihnen nicht gerade das Beste wünschen. Sie werden in Ihrem Leben noch vielen Menschen begegnen, die Sie runterziehen wollen, Ihnen manche Sachen nicht gönnen oder die Sie manipulieren und ausnutzen wollen.

Wenn Sie positiver denken wollen, sollten Sie definitiv lernen, mit solchen Menschen umzugehen und auch mal nein zu sagen. Auf den ersten Blick hat das für Sie vielleicht nichts mit positivem Denken zu tun, aber das hat es durchaus.

Man muss nur einmal über den Tellerrand blicken. Wenn Sie sich von Anderen ausnutzen lassen und immer das tun, was sie von Ihnen wollen, schadet das Ihrer Psyche.

Irgendwann werden Sie nämlich bemerken, dass Sie ausgenutzt werden.

Wenn das passiert ist, werden Sie eine Art Misstrauen entwickeln und Ihre Mitmenschen mit einem analysierendem Auge betrachten, da es Ihnen mit Sicherheit nicht gefällt, der ständige Jasager zu sein. Genau dieses Denken ist es, dass Ihren Verstand bei zu großer Gutmütigkeit vergiftet und es schwer macht, noch positiv zu denken.

Es ist eigentlich ganz Simpel: Wenn Sie positiv denken wollen, dürfen Sie nicht zu negativ von den Leuten um Sie herum denken, denn dann werden die negativen Gedanken in einer so hohen Anzahl vorhanden sein, dass die Bekämpfung mit positiven Gedanken um einiges schwieriger wird.

Das soll aber nicht heißen, dass Sie
niemandem mehr einen Gefallen tun können.
Es ist immer noch erlaubt, gutes zu tun, Sie
sollten es nur für die Richtigen tun.

Grenzen und Zeit anderer respektieren

Zeit ist der wertvollste Besitz, den man hat. Wir alle entscheiden uns Tag für Tag, wie wir unsere Zeit nutzen. Der Eine arbeitet, der Andere hat Spaß und wieder ein Anderer ist am Lernen.

Da sie so einen großen Wert hat, sollten Sie die Zeit anderer Menschen ebenso wertschätzen wie Ihre eigene. Wenn Ihr gegenüber seine Zeit mit etwas nutzen will, mit dem Sie nicht einverstanden sind, sollten Sie nicht versuchen, ihn davon abzubringen, immerhin würden Sie das an seiner Stelle auch nicht wollen.

Selbstverständlich ist es etwas anderes, wenn Ihnen die Person etwas Wert ist und sie sich mit ihrem Vorhaben schadet, z.B. durch Drogenmissbrauch oder dem Kontakt mit den falschen Leuten.

Wenn das der Fall ist, ist eine Einmischung natürlich gerechtfertigt (aber Vorsicht, auch Sie können mit Ihrer Einschätzung falsch liegen). Was Sie ebenfalls keinen Ihrer Mitmenschen antun sollten, ist ihre Grenzen nicht zu respektieren.

Wenn jemand zum Beispiel unter einer sehr schlimmen Höhenangst leidet, sollten Sie die Person nicht zu einem Fallschirmsprung zwingen. Erinnern Sie sich an eine Situation, in der auf Ihre Grenzen nicht geachtet wurde und wie sich das angefühlt hat. Genau dieses Gefühl lassen Sie auch andere fühlen, wenn Sie nicht aufpassen!

Ihre Mitmenschen werden sehr dankbar dafür sein, wenn Sie diese zwei Verhaltensweisen an den Mann bringen. Und Sie wissen ja, was man sagt: „Wer gutes gibt, bekommt auch gutes zurück!"

Wahrnehmung der Menschen um Sie herum

Familie, Freunde, Arbeitskollegen. In Ihrem Leben sind Sie ständig von anderen Menschen umgeben. Die Chancen sind dabei groß, dass Sie sie aber gar nicht voll und ganz wahrnehmen.

Was erst einmal schwer nachzuvollziehen ist, ergibt, nach dem Sie erst einmal kurz darüber nachgedacht haben, durchaus Sinn. Erinnern Sie sich einmal an eine Situation, in der Jemand um Sie herum z.B. eine neue Frisur oder einen neuen Pulli hatte und beleidigt geworden ist, weil Sie es nicht erwähnt oder vielleicht sogar nicht bemerkt haben.

Sie haben zwar bemerkt, dass die betroffene Person da ist, haben sie aber nicht vollkommen wahr genommen. Und genau das sollten Sie ändern.

Achten Sie auf Ihr Gegenüber und versuchen Sie, ein Interesse für die jeweilige Person zu entwickeln und sie auf positive Veränderungen auf eine beglückwünschende Weise anzusprechen. Mit dieser Umgehensweise treffen Sie gleich zwei Fliegen mit einer Klatsche. Sie hinterlassen ein positives Bild von sich bei der anderen Person.

Diese wird Sie immer mit etwas positivem Verbinden und somit Ihnen gegenüber ebenfalls nett und achtsam sein. Alleine dafür lohnt es sich, Ihre Aufmerksamkeit Ihrem Gegenüber zu widmen.

Der zweite Vorteil den das mit sich bringt, ist aber der Entscheidende, denn er gibt Ihnen ähnlich wie beim Dankbarkeitstagebuch positive Gedanken auf Autopilot. Wie bereits erwähnt sollten Sie die andere Person auf positive Veränderungen ansprechen.

Um das immer wieder tun zu können, müssen Sie also regelrecht nach positiven Dingen an der Person suchen. Wenn das immer wieder geschieht werden Sie anfangen, Positivität mit der jeweiligen Person zu verbinden. Immer wenn Sie sie sehen, werden Ihre Gedanken in eine positive Richtung gelenkt.

Erfolgsliste

Jeder kennt die alte To-do-Liste, die angefertigt wird, um wichtige Sachen nicht zu vergessen und einen geregelten Tagesablauf zu haben. Oft wird solch eine Liste aber zu negativem Ballast.

Wenn man nicht alles erreicht, was auf der Liste steht, macht man sich oft deswegen fertig oder beendet den Tag zumindest unzufrieden. Wenn Sie gerne einmal eine To-do-Liste benutzen, sollten Sie auf jeden Fall ebenfalls eine Erfolgsliste anfertigen.

Auf dieser Liste werden nicht die Sachen stehen, die Sie zu tun haben, sondern die, die Sie schon erreicht haben. Schreiben Sie jeden noch so kleinen Erfolg auf. Erfolgslisten können auf zwei Arten genutzt werden, die beide gleichermaßen positive Auswirkungen bringen. In der ersten Variante führen Sie eine tägliche Erfolgsliste.

In sie kommt jeden Tag das, was Sie im Laufe der letzten 24 Stunden erreicht haben. Simple Dinge wie Bett machen oder Geschirr abwaschen gehören auch zu den Erfolgen dazu. Als zweite Variante können Sie eine etwas strengere Erfolgsliste führen. Wenn Sie sich dafür entschieden haben, dürfen Sie nur größere Erfolge aufschreiben.

Dazu zählen Errungenschaften wie eine Gehaltserhöhung, ein niedrigeres Gewicht oder eine stark zu erkennende Leistungssteigerung in einer sportlichen Aktivität. Wie bereits erwähnt, funktionieren beide Varianten, da sie beide auf dasselbe hinauslaufen:

Sie erinnern Sie an etwas, worauf Sie stolz sein können. Sie geben Ihnen den nötigen inneren Schulterklopfer, den jeder einmal braucht. Versuchen Sie sich einfach mal an so einer Liste und Sie werden sehen, dass es sich lohnt!

Akzeptieren Sie, was Sie nicht ändern können

Wenn ihnen etwas nicht gefällt, versuchen die meisten Menschen, etwas daran zu ändern, was erst einmal nichts Falsches ist. Den Willen aufzubringen, etwas nach den eigenen Wünschen zu ändern, ist ja eigentlich positiv.

Aber wie auch bei der To-do-Liste hat dieses Verhalten eine Schattenseite. Auch wenn es für manche etwas unfair zu sein mag, gibt es Dinge, die wir nicht ändern können.

Egal wie oft oder hart wir es versuchen, es ist einfach unmöglich. Dafür kann es unterschiedliche Gründe geben, wie zum Beispiel das Fehlen der nötigen Mittel um etwas zu bewirken. Im Laufe des Lebens werden Ihnen solche Dinge öfter begegnen, wahrscheinlich sind sie Ihnen durch frühere Erlebnisse auch schon bekannt.

Wie haben Sie in der Vergangenheit darauf reagiert und wozu hat die Art, wie Sie es haben, letzten Endes geführt? Nachdem Sie sich diese Frage ehrlich beantwortet haben, werden Sie ein gewisses Muster erkennen können.

Immer, wenn Sie die Situation nicht akzeptierten und zwanghaft eine Veränderung anstrebten, ist es nur schlimmer anstatt besser geworden.

Richtig? Genau da haben Sie auch schon den Grund, warum Akzeptanz manchmal die einzig richtige Art ist, mit etwas umzugehen. Bemühungen, die sich als unnötig herausstellen, sind einfach nur verschwendete Energie. Achten Sie darauf, dass Sie nur den

Versuch wagen, etwas zu ändern, wenn es sich auch wirklich lohnt.

Etwas Egoismus schadet nicht

Nur eine sehr kleine Anzahl an Menschen kann gut mit ignoranten Menschen umgehen. Alle anderen schütteln bei egoistisch veranlagten Menschen nur den Kopf oder regen sich über sie auf. Leute wie diese besitzen zu viel Egoismus, ein kleiner Anteil davon schadet aber nicht.

Ganz im Gegenteil: Er ist sogar notwendig. Erinnern Sie sich an jemanden, der nie einen Gefallen ausgeschlagen hat. An jemanden, der die Bedürfnisse anderer über seine eigenen gestellt hat.

Die Chancen stehen sehr hoch, dass die Person, an die Sie denken mussten, nicht sehr erfolgreich im Leben sein wird.

Wir Menschen brauchen einen gewissen Grad an Egoismus, um voranzukommen. Seien Sie nett zu anderen Leuten und tun Sie auch mal etwas Gutes für sie, aber achten Sie auch auf sich selbst!

Wenn Sie durch etwas einen erheblichen Nachteil erhalten, machen Sie es nicht! Sie dürfen auch einmal an sich denken.

Das richtige Maß an Egoismus sorgt nicht nur dafür, dass Sie nicht ausgenutzt werden, es gibt Ihnen auch mehr Selbstvertrauen. Ob bei einem Bewerbungsgespräch im Geschäft oder einem Flirt versuch auf der Party, machen Sie sich nicht zu klein. Denken Sie daran, warum Sie Respekt verdient haben.

Denken Sie an all die Situationen, in denen Sie stolz auf sich selbst waren und versuchen Sie, dieses Gefühl wieder zu erleben.

Aber aufgepasst: Sie sollten es vermeiden, auf andere hinabzusehen. Denn wenn Sie damit anfangen, werden Sie zu der Sorte Mensch, die ich Anfang dieses Punktes beschrieben habe. Machen Sie sich nicht klein, aber stellen Sie sich ebenfalls nicht über andere!

Selbsterkenntnis

Auf die Frage „Wer sind Sie?" wissen Sie natürlich eine Antwort. Die Antwort, die Sie geben, ist aber oberflächlicher als Sie im Moment wissen.

Sie können sagen, wie Ihr Name ist, welchen Beruf Sie haben, welche Hobbys Sie verfolgen u.s.w. Aber wissen Sie wirklich wer Sie sind? Kennen Sie wirklich Ihre innersten Werte, Ansichten und Talente?

Wenn es Ihnen wie den Großteil der Menschheit geht, ist die Antwort auf diese Fragen ein Nein. Kaum jemand weiß wirklich, wer er ist. Daher sollten Sie versuchen, es herauszufinden! Der erste Schritt um das zu erreichen ist der, auf Fragen zu Ihrer Meinung immer ehrlich zu antworten.

Wenn Sie andere anlügen, belügen Sie sich auch selbst. Probieren Sie, auf Ihre innere Stimme zu hören.

Geben Sie der Welt bekannt, was sie mitteilt und lassen Sie sich nicht von anderen Menschen erzählen, dass die Stimme Ihnen etwas Falsches sagt! Lernen Sie, Ihren inneren Instinkten zu folgen und Ihr wahres selbst auszuleben.

Schlusswort

Dass Sie dieses Buch gelesen haben ist der erste Schritt in die richtige Richtung. Wenn Sie die in den Kapiteln beschriebenen Lehren auf Ihr Leben anwenden, werden Sie schon bald ein besseres Leben mit einem positiveren Denken haben!

Da Sie die Lektionen wahrscheinlich nach einiger Zeit noch einmal lesen möchten, fasse ich Ihnen in diesem letzten Kapitel noch einmal das Wichtigste über das Thema in einem kleinen Text zusammen.

Eine positive Einstellung und Optimismus sind die Schlüssel zu einem besseren Leben. Durch positives Denken wird ein glückliches Leben ermöglicht.

Positives Denken heißt aber nicht, gar keine negativen Gedanken mehr zu haben, diese wird es immer geben.

Außerdem ist auch ein Optimist nicht dauerhaft glücklich, genauso wenig ist er ein Narr. Er versucht lediglich, das Beste aus jeder Situation herauszuholen. Zusammenfassend sind die Vorteile einer positiven Einstellung ein glücklicheres, gesünderes Leben sowie Sozialleben.

Wichtig beim Angewöhnen einer positiven Einstellung ist, nicht krampfhaft zu versuchen, etwas zu vergessen oder nicht wahrhaben zu wollen.

Mit der folgenden Vorgehensweise können Sie damit beginnen, ein positiver Denker zu werden: Zunächst einmal müssen Sie lernen, zu akzeptieren.

Sie müssen die aktuelle Situation vollkommen akzeptieren und sie so sehen, wie sie ist.

Erst dann können Sie als zweiten Schritt Ihren Fokus auf die positiven Seiten richten. Egal, wie schwer das Finden von diesen Seiten auch ist, Sie werden auf jeden Fall welche finden. In jeder noch so schlechten Situation ist etwas Positives.

Eine Geheimwaffe des positiven Denkens stellt das sogenannte Dankbarkeitstagebuch da. In diesem werden all die Dinge aufgeschrieben, wofür Sie dankbar sind. Dadurch werden Sie irgendwann positive Seiten am Alltag besser erkennen.

Was weiterhin wichtig ist, ist den Konsum von negativen Informationsquellen wie die Nachrichten zu minimieren, da diese Ihre Denkweise ins Negative ziehen werden.

Negative Menschen sollten ebenfalls aus Ihrem Leben verschwinden.

Ein weiterer Trick ist, Meditation und Affirmationen für eine positivere Einstellung zu benutzen. Durch das Meditieren verbessert sich Ihre mentale Konzentration und die Affirmationen lassen Ihr Unterbewusstsein für Sie arbeiten.

Für eine positive Einstellung ist eine gute Laune und ein zufriedenes Leben von Vorteil. Achten Sie daher unbedingt darauf, dass Sie zeitgleich mit dem Optimismus auch Ihr Leben generell in eine positive Richtung lenken.

Quellenangabe:

(Quelle:
https://de.wikipedia.org/wiki/Gesetz_der_Anziehung)
(Quelle:
https://www.zentrum-der-gesundheit.de/positives-denke
n-haelt-gesund-ia.html)
(Quelle:
https://www.selbstbewusstsein-staerken.net/positiv-denk
en-lernen/)
(Quelle:
http://www.empathie-lernen.de/affirmation-definition)
(Quelle:
https://www.lernen.net/artikel/positiv-denken-12-uebung
en-optimismus-856/)
(Quelle:
https://www.hafawo.at/selbstmanagement-motivation/35-
lektionen-in-35-jahren/)
(Quelle:
https://www.hafawo.at/selbstmanagement-motivation/all
es-beginnt-in-deinem-kopf-anleitung-zum-positiven-denk
en/)

Haftungsausschluss und Impressum

Der Inhalt dieses Buches wurde mit sehr großer Sorgfalt
erstellt und geprüft.
Für die Richtigkeit, Vollständigkeit und Aktualität des
geschriebenen kann jedoch keine
Garantie gewährleistet werden.

Sowie auch nicht für Erfolg oder Misserfolg bei der
Anwendung des gelesenen.
Der Inhalt des Buches spiegelt die persönliche Meinung
und Erfahrung des Autors wider.
Der Inhalt sollte so ausgelegt werden, dass er dem
Unterhaltungszweck dient.
Er sollte nicht mit medizinischer Hilfe verwechselt
werden.

Juristische Verantwortung oder Haftung für
kontraproduktive Ausführung oder falsches
Interpretieren von Text und Inhalt wird nicht
übernommen.

Impressum

Autor: Leoni Herzig

Vertreten durch:

Markus Kober

Kreuzerwasenstraße 1

71088 Holzgerlingen

markus.kkober@gmail.com

ISBN 978-3-7467-5690-5

www.epubli.de